DU MINISTÈRE

RÉVOQUÉ EN 1828,

ET

DES JÉSUITES EN FRANCE,

Par L. F. X. B.,

Ancien Capitaine d'Infanterie.

PARIS,

CHEZ LES MARCHANDS DE NOUVEAUTÉS.

—

1828.

PARIS, IMP. DE GAULTIER-LAGUIONIE.

DU MINISTÈRE

RÉVOQUÉ EN 1828,

ET

DES JÉSUITES EN FRANCE,

Par L. F. X. B.,

Ancien Capitaine d'Infanterie.

———

L'homme juste et sincèrement équitable avouera à sa conscience que le meilleur des gouvernemens, pour une nation élevée a un haut degré de civilisation, est un gouvernement constitutionnel représentatif. De ce principe fondamental, principe vraiment moral, on obtient la raison, le génie, les lumières, et une liberté sage, dont les bienfaits se déversent sur tous les degrés sociaux.

Mais pour parvenir à établir ce beau système, il faut, dans les chefs dirigeans du gouvernement, une loyauté et une franchise que, malheureusement, la nation française n'a pu reconnaître encore dans ses hommes d'état.

On ne peut se dissimuler pourtant que les efforts de quelques hommes sages et vertueux ont depuis quelque tems fait faire de grands progrès à notre pacte social ; en professant à la tribune les véritables principes qui doivent alimenter une monarchie constitutionnelle, seul palladium des Français, ils ont, sinon anéanti, du moins ralenti et diminué les projets perfides et anti-nationaux des abominables détracteurs de la raison humaine.

Honneur donc à ces dignes citoyens qui ont préféré la gloire de défendre nos belles institutions, aux avantages d'obtenir des places et des titres qu'on osait offrir à tout venant, pourvu qu'il se se chargeât de les combattre ! Mais gloire et reconnaissance éternelles, surtout à l'immortel monarque qui, de son propre mouvement, et dans son amour paternel, a octroyé à la plus illustre nation cette charte digne d'elle et de son illustre auteur ! c'était le plus beau présent qu'il pût lui faire pour l'indemniser de tant de désastres et la consoler de tant de revers.

En France, le plan du plus beau comme du plus juste des gouvernemens est établi... ; il ne manque pour l'exécuter que la volonté chez les hommes d'état d'en faire découler les véritables principes et de les appliquer au bien et à la sévère justice ; que ces hommes se rapellent sans cesse qu'ils sont citoyens, et qu'ils ne sont tirés du sein de la nation que pour être les dépositaires et les gardiens scrupuleux de ños libertés publiques ; qu'ils pensent continuellement qu'ils sont les pères des peuples, et que les membres de leur nombreuse famille ont droit à une égale amitié comme à une égale faveur ; qu'ils ne méconnaissent jamais les services rendus au roi et à la patrie ; qu'ils soient modérés dans leurs dépenses et qu'ils n'oublient pas surtout que le luxe dont ils s'entourent a coûté des sueurs à leurs concitoyens.

Une nation sagement gouvernée et qui trouve amitié et protection dans ses chefs, comme égalité de justice dans les lois, est toujours calme et tranquille ; qu'on ne s'y trompe pas, il n'y a que le dédain, l'orgueil et l'injustice des priviléges qui la conduisent à l'exaspération et vers l'abîme des révolutions. Le talent est nécessaire sans doute pour être ministre, mais il doit être dirigé par une bonne conscience, une volonté invariable de ne faire que le bien, et de ne jamais s'écarter du sentier des lois, qui doivent toujours présider aux actions de l'homme public.

Il est une maxime immuable de droit public que la raison et la morale trouvent partout. Cette maxime est que les gouvernemens sont établis pour les peuples et non les peuples pour les gouvernemens. Agir et penser en sens contraire de ce principe, c'est se mettre directement en opposition avec la masse sociale, c'est manquer tout à la fois à la saine morale et se rendre indigne aux yeux de ses concitoyens. Quiconque oserait désormais professer une leçon aussi subversive, aussi impure, doit être frappé d'anathême.

Prenons les peuples à leur berceau: ils composent d'abord une foule, une masse incohérente. Le besoin de se prêter un secours mutuel les rassemble ; ils font des efforts pour s'entendre et se comprendre; mais l'ordre n'étant pas encore établi, rien ne tourne à l'avantage du bien commun. C'est en ce moment que cette société naissante sent la nécessité de se choisir parmi elle des êtres que la nature a doués de plus de sens et de plus de raison, pour diriger leurs travaux et l'ensemble de leurs entreprises; voilà des gouvernans qui, probablement, n'oublieront pas qu'ils sont sortis du sein de la nation, qu'ils ont été, comme les autres, simples citoyens, qu'ils ont eu les même besoins, qu'ils ont été créés chefs pour gouverner dans l'intérêt de tous, et que ce gouvernement n'a pas été institué pour flatter leur amour propre, et en faire des idoles. Eh bien! si cette maxime est vraie, dès qu'elle se présente au milieu d'une nation naissante, elle doit être vraie au milieu de celle qui vit en société depuis plusieurs siècles; car la raison ne doit jamais perdre d'intensité.

Cette raison, cette maxime ont servi de guide à Louis XVIII, de glorieuse mémoire, lorsqu'il se présenta au milieu de cette grande nation française à la suite de ses révolutions. Les épreuves qu'il venait de subir par trente années de revers lui avaient fait chercher et trouver le foyer des révolutions et des iniquités : il se présente au milieu de la masse flottante, il déroule son œuvre immortelle; la Charte est lue, comprise par tous les degrés de l'ordre social; chacun y trouve ses droits écrits en caractères ineffaçables , et tous s'arrêtent au pied de la seule digue qu'on pût leur opposer. Les mots de ralliement furent les cris de paix et tranquillité ; les mots d'ordre furent le roi et les lois.

Il n'y avait plus qu'à suivre franchement ce précepte, pour maintenir ce système qui venait d'être établi pour le besoin et la satisfaction de toute la nation. Le militaire conservait la gloire et les titres qu'il avait acquis au prix de son sang et de son courage; ceux que la fidélité ou la tourmente révolutionnaire avaient conduits à l'exil reparaissaient au milieu de leurs concitoyens, avec la conviction d'en être estimés et d'être justement récompensés : que manquait-il donc au bonheur commun ? Pourquoi s'est-il élevé du milieu de cette fusion une inquiétude qui ne cesse de tourmenter et de ronger les esprits? Nous

nous imposons la tâche d'en développer les causes.

L'homme sensé qui a examiné avec attention tous les événemens qui se sont succédé depuis la restauration, a vu à combien d'intrigues et de vicissitudes l'ambition qui domine quelques esprits remuans expose une nation, quels que soient sa vigueur et sa bonne foi. Sans doute dans les premiers mois du règne de Louis XVIII, en 1814, la partie bien pensante de la nation, comptant sur la promesse de son roi, ne voyait que d'heureuses destinées dans son avenir. Pouvait-elle en effet supposer que la classe d'hommes établie au milieu de la nation pour être les gardiens fidèles de la morale publique, renfermait dans son sein une secte qui posait déjà les bases d'un pacte d'alliance avec quelques ambitieux d'un ordre supérieur ? réunion monstrueuse et féroce vomie par l'enfer dans son courroux contre les lumières du siècle !

Cette dangereuse corporation, maintenant sortie de son antre ténébreux, est apparue aux Français sous les formes les plus hideuses et les plus effrayantes, faisant reculer les esprits pusillanimes, mais doublant le courage des vaillans défenseurs du trône, de la véritable religion et de nos institutions sacrées.

A cette esquisse simple, mais vraie, tout le monde reconnaît les zélés prolétaires d'une doc-

trine anti-sociale et subversive de tout ordre public, les Jésuites enfin.......

Ne doit-on pas s'arrêter interdit et frappé d'une
juste indignation quand vous entendez en France,
du haut de la tribune nationale, ces mots har-
dis : « Il faut bien avouer qu'il existe des Jésuites
« en France; mais ils n'ont pas la direction de
« l'instruction publique, ils ne sont en possession
« *que de sept petits séminaires.* »

Pourquoi sont-ils avoués et tolérés, quand
ils ont été bannis par les lois ? Pourquoi leur
permet-on d'avoir des cloîtres où ils enseignent
une philisophie perverse et contraire à nos institutions constitutionnelles ? Qu'attend-on pour
leur imposer l'empire de notre justice? N'ont-ils
pas déjà fait assez de séïdes, qui, comme au-
trefois, peuvent remplir les pages dè notre nou-
velle histoire de crimes et d'assassinats! Les rois
et les peuples ont-ils donc oublié que leurs pré-
ceptes sont anti-nationaux, tendent à s'emparer
du pouvoir, et que leurs armes sont des poi-
gnards !

N'ont-ils pas déjà porté la crainte et la déso-
lation dans tous nos rangs? Est-il une seule classe
dans la société qui puisse se vanter de n'avoir
pas senti les coups que cette secte dangereuse
porte dans l'ombre?

Les affiliés de cette infame conjuration vous

demandent bénignement quel mal ces bons frè-
res ont fait depuis qu'ils sont rentrés en France.
Ce qu'ils ont fait : ils ont commencé par s'emparer de quelques esprits ignorans et affaiblis par
la vieillesse et les infirmités, afin de spolier leurs
fortunes, sous la forme de donations, en leur
promettant, en échange, une place dans le
paradis ; ils ont employé ces fortunes usurpées en
acquisitions d'édifices spacieux, pour servir de
casernes à leurs néophytes épars, et à solder les
insurgés d'Espagne ; ils ont cherché à priver
la nation de ses nouvelles institutions, en démo-
ralisant les premiers fonctionnaires du gouvernement qui, par ambition ou par crainte, ont cru
devoir s'associer à cette compagnie tyrannique.

Voilà, en abrégé, ce qu'ils ont fait ; mais qu'on
demande ce qu'ils veulent encore faire. La ré-
ponse est courte et vraie : ils veulent gouverner
les peuples et les rois.

Après ces réflexions rapides, on arrive natu-
rellement à d'autres non moins pénibles pour
l'homme de bien, qu'on pourrait appeler à plus
juste titre *l'homme comme il faut.*

Il existait tant d'accord, tant de sympathie
entre la gent jésuitique et le ministère Villèle,
qu'on ne peut se dispenser, en démasquant les
sourdes menées de ces bons compères, de flétrir
et frapper de réprobation les horribles atten-

tats portés contre les franchises et les droits de la nation par cet odieux ministère.

Il n'est pas de ceux dont on puisse dire : « il n'a fait ni bien ni mal. » Il n'a jamais fait de bien, mais il a toujours fait le mal.

Son premier méfait fut d'accéder à la guerre d'Espagne. Les longs et coûteux préparatifs de cette malencontreuse guerre révélèrent à la France que ce ministère était présidé par une fine fleur gasconne ; il donnait au corps d'armée qu'il envoyait sur les frontières le nom de cordon sanitaire, tandis qu'il faisait le plan de la campagne avec les radicaux d'Espagne, pour attaquer, combattre et renverser le régime constitutionnel de ce malheureux pays : ainsi, grace à cette infame alliance, on a vu, au dix-neuvième siècle, un gouvernement constitutionnel déclarer la guerre à une nation qui pouvait à peine respirer sous le joug d'une hideuse inquisition, parce qu'elle voulait, à l'imitation de ses plus proches voisins, obtenir des lois raisonnables qui pussent l'affranchir d'une théocratie odieuse. On a lieu de penser que c'est de cette époque que date le traité d'alliance entre le ministère et la congrégation, traité funeste, qui devait replonger la France dans l'esclavage, et élever sur les ruines de ses institutions le tribunal sanguinaire de l'inquisition.

Depuis cette malheureuse association, le parti-prêtre n'a cessé de gouverner le ministère; c'est par lui que la France a vu tout son édifice social ébranlé jusque dans ses fondemens, et toutes les classes pâlir d'indignation.

C'est en dépit de nos légistes et de notre noble magistrature que le parti aux idées subversives, a osé proposer à la France, par les organes de ses ministres esclaves, cette foule de lois barbares qui devaient consommer sa perte. Et c'est à vous, Français, qu'on proposait l'échange de ces lois, contre vos codes, fruits de tant d'étude, de tant de veilles et de si courageux efforts !!

Maintenant que le péril n'existe plus, vous examinerez avec plus de calme la profondeur de l'abîme dans lequel on voulait vous plonger; mais votre indignation n'en sera que plus grande contre les auteurs de ces funestes desseins. Ils ne doivent plus être de votre race; ils ont abjuré la qualité de Français, et déjà on ne les voit plus dans nos rangs que comme des pestiférés propres à effrayer quiconque oserait se rapprocher de leurs haleines corrompues.

Les soldats de l'armée française vont rentrer dans leurs foyers; leurs concitoyens leur donneront les saluts dus aux braves; ils ont bien mérité de la patrie puisqu'ils se sont montrés dignes de marcher sur les traces de leurs nobles devanciers;

mais ils auront comme nous à déplorer l'inutilité de leurs efforts. Quel sera le fruit de leur bravoure, quel en sera l'heureux résultat pour la péninsule et la France?

Qu'on rende à la France ses millions dépensés à cette guerre, peut-être la consolera-t-on dans ses intérêts pécuniers ; mais son but moral et politique sera-t-il atteint ?....... Mais l'Espagne est-elle sauvée de ses troubles? a-t-on éteint le foyer de ses séditions ? le roi et la nation jouissent-ils paisiblement de la paix que nos armes devaient porter au sein de leur patrie? Hélas ! non. Nos étendards sortiront des tourbillons révolutionnaires de l'Espagne, avec leur majesté imposante ; mais nos braves qui viendront les déposer de nouveau sur le sol sacré de la patrie, éprouveront long-tems le regret de n'avoir rien fait pour le bonheur d'un peuple qui méritait une meilleure destinée.

L'ancien ministère ne s'est pas borné à cet acte impolitique ; voulant amonceler tous les maux possibles sur la patrie, il a jeté un coup-d'œil rétrograde sur l'ancien régime, pour y exhumer ce que la féodalité avait de plus dégoûtant pour les sentimens de l'homme régénéré. Je veux parler du droit d'aînesse, de ce droit immoral et contre nature.

Ce qu'à peine des gens habiles, mais mal intentionnés, auraient pu faire en un siècle fertile en contre-révolutions, et en sens contraire à nos salutaires maximes, MM. de Villèle, Peyronnet, Franchet, Delavau, etc., etc., se proposaient de le faire en un coup de main,

En dépit du droit civil, en dépit de la Charte et aux dépens de la raison, ils auraient replongé nos familles et leur postérité dans l'inégalité des partages des biens de leurs pères.

Cette malheureuse conception, contraire aux règles de la morale et à la loi divine, était encore une émanation de l'esprit jésuitique, inspiré au ministère esclave, non dans l'intérêt aristocratique, mais pour flatter les espérances théocratiques qui ne voyaient dans l'application de cette loi que les moyens de rétablir les couvens et toutes les congrégations du bon vieux tems.

Que la France aurait été florissante ! Tous les bras nerveux de nos charitables moines auraient été employés à faire circuler les chapelets du nord au midi, et nos belles plaines, si fertilisées par les soins de nos laborieux agriculteurs, seraient redevenues pelouses et forêts.

C'était pourtant vous, intéressans agriculteurs, dont on voulait se servir pour frapper d'interdiction vos familles naissantes ; c'était à vous qu'on s'adressait pour forger vos chaînes ; mais quelques amis fidèles combattaient tout à la fois pour la défense de vos droits, et pour vous prémunir contre les attaques de vos plus dangereux ennemis. Vous avez compris que les votes que la ruse ministérielle sollicitait de vous, lors des élections, avaient pour but d'enlever d'assaut les lois d'exception qui devaient éteindre les lumières et faire taire la raison. Vous vous êtes réunis à la voix des hommes dont les intérêts sont les mêmes que les vôtres ; vous avez senti que vos représentans, vos défenseurs naturels, devaient sortir de vos rangs ou de ceux que l'industrie et les libertés rassemblent. De cette heureuse intelligence sont sortis des députés dont le seul regard a fait fuir les oiseaux des ténèbres.

Le succès a couronné les nobles efforts des véritables royalistes constitutionnels; ils ont lutté avec énergie contre des intrigues de toute espèce ; ils ont renversé ce double rempart qui les empêchait d'arriver au pied du trône. Le roi a reçu avec bonté leur supplique ; il y a lu avec indignation que le droit politique de son peuple était en péril, il a fait justice......